LES
CONTEMPORAINS

REVUE BIOGRAPHIQUE

Des hommes du jour,

PAR UNE SOCIÉTÉ D'HOMMES DE LETTRES

FRANÇAIS ET ÉTRANGERS.

Sous la direction de M. de SAINTE-VALLIÈRE.

PARIS,

EN VENTE A L'ADMINISTRATION GÉNÉRALE,

Rue Notre-Dame-de-Lorette, 17,

ET CHEZ TOUS LES PRINCIPAUX LIBRAIRES.

1845.

NOTICE BIOGRAPHIQUE

SUR LA VIE ET LES TRAVAUX POLITIQUES

DE M. LE MARQUIS

DE LA ROCHE-AYMON

PAIR DE FRANCE.

Le premier seigneur de la Roche-Aymon, dont l'existence soit constatée par des documents certains, est un Guillaume de la Roche-Aymon, qui cautionna, avec plusieurs autres seigneurs des pays de Combrailles, de la Marche, du Poitou et du Limousin, l'exécution d'un accord fait le 3 août de l'an 1031. Cette Charte ne porte point de date, mais quelques-unes de ses dispositions et les époques qui y sont énoncées montrent qu'elle ne peut être que de l'an 1031. Les époques signalées dans la Charte sont que le roi Henri Ier régnait seul en France; ce qui ne peut convenir qu'à l'année 1031, le roi Robert, père d'Henri 1er, étant mort le 20 juillet de l'année 1031. Guillaume de la Roche-Aymon n'y est appelé que du nom de la Roche, parce que la composition du nom de la Roche-Aymon ne s'est faite que vers le milieu du treizième siècle. La filiation des documents de la famille ne se suit positivement régulièrement que depuis 1100.

Il est probable que cette maison tire son origine des anciens sires de Bourbon par les seigneurs de Montluçon. Aymon, sénéchal du Bourbonnais, en 1096, est le même Aymon, premier auteur connu de la maison de la Roche-Aymon, qui vivait en 1100. On croit qu'il était fils puîné, ou plutôt petit-fils de Géraud de Bourbon, seigneur de Montluçon, frère puîné d'Archambaud III, sire de Bourbon et d'Aymon, archevêque de Bourges.

Aymon, seigneur de Bourbon, surnommé Vair-Vache, est qualifié par Anduzier, dans son Histoire manuscrite de l'Auvergne, seigneur de la Roche-Aymon.

Quelques écrivains modernes, à cause du nom d'Aymon, familier aux sires de Bourbon et de la Roche-Aymon, croient que cette maison est une branche cadette de celle de Bourbon; mais une conjecture, qui n'est appuyée que sur le simple rapport de quelques prénoms ou noms de baptême, n'est pas assez solide pour obtenir le suffrage des gens versés dans la connaissance de l'histoire des familles.

Quant aux quatre fils d'Aymon, cette origine simplement fondée sur des traditions, n'est mentionnée que pour mémoire.

Une vieille chronique de Bretagne fait descendre les Larochefoucauld, les Rochechouart et les Roche-Aymon de saint Martial, évêque de Limoges, avant qu'il se fût voué à la vie cléricale.

La terre de la Roche-Aymon est renommée pour être une terre salique, et la première baronie du royaume.

La maison de la Roche-Aymon s'est toujours distinguée par sa fidélité et son dévoûment à ses rois, jamais elle n'a abandonné la bannière royale.

Ses branches les plus connues sont celles de Saint-Maxent, des sires ou vicomtes de Tournoelles, desquelles sont sorties plus de vingt autres branches ou rameaux, la plupart éteintes aujourd'hui.

Cette maison a produit, dans les temps anciens, des chevaliers, des sénéchaux, des gouverneurs, des commandants du Languedoc, du Maconais, de l'Auvergne et de la Marche; un maréchal de France, en 1220, si, comme on n'en peut douter, les seigneurs de Tournoelle sont de la même maison; un capitaine-général, sous le roi Jean, qui fut aussi grand-maréchal de la cour du pape, et gouverneur du comtat venaissin; on lui attribua cette action, citée par Montaigne, d'après Froissard, et quoique omise par tous les historiens modernes, elle mérite d'être racontée:

« Les habitants de Limoges s'étant remis en 1370 sous l'obéissance du roi de France, après le départ du prince de Galles, furent de nouveau assiégés par ce prince. Ils se défendirent courageusement; mais, malheureusement pour eux, une partie de leurs murs s'étant subitement écroulée par une mine que les Anglais avaient faite, ils pénétrèrent dans la ville; le prince furieux la livra à toute la férocité de ses soldats, lorsque tout à coup frappé d'admiration en voyant trois généreux chevaliers combattant si vaillamment qu'ils arrêtaient son armée, il fit cesser le sac, pardonna aux habitants en leur faveur, les combla de bons traitements, et ne les fit pas prisonniers. Ces trois généreux Français s'appelaient Hugues de la Roche-Aymon, Roger de Beaufort, son frère, frère puîné de Ramond, vicomte de Turenne, et le troisième, Jean de Villemur. »

Un grand-maître de l'hôtel, chambellan de François Ier, fut tué aux pieds de son souverain, à la bataille de Pavie. Dans le temps, il fut composé un écrit, cité dans le catalogue de Baluze, et qui est intitulé : *Plaintes sur le trépas de sage et vertueux chevalier messire Jean de la Roche-Aymon, seigneur dudit lieu, prévôt de l'hôtel de très valeureux François Ier, faites par Mars, dieu des batailles :*

« Pendant l'expédition de Charles VIII, un la Roche-Aymon, gouverneur du Languedoc, tint en échec le roi d'Aragon, qui voulait profiter de l'absence du roi pour faire une tentative d'envahissement, et le contint partout; il finit par gagner sur lui une grande bataille. »

Les la Roche-Aymon ont toujours servi leur souverain, dans des grades plus ou moins avancés. Paul, appelé chevalier de la Roche-Aymon, honoré de l'amitié et de la confiance du maréchal de Saxe, a commandé l'artillerie en chef, à plusieurs batailles, et notamment à celle de Fontenoy. La maison de la Roche-Aymon, jusqu'à la grande révolution, compte plusieurs chevaliers de l'ordre et des ordres du roi, ainsi qu'un grand nombre de chevaliers de Saint-Louis.

Le comte de la Roche-Aymon, ôtage au sacre, chevalier des ordres, lieutenant-général et gouverneur de plusieurs petites villes, est mort en janvier 1789. C'est le grand-père de la Roche-Aymon, dont nous allons nous occuper. — Le maréchal Dasfeld ayant été à même de remarquer la manière dont le comte de la Roche-Aymon se conduisait à la guerre, lui donna sa fille en mariage ; de ce mariage naquirent trois enfants. Le marquis de la Roche-Aymon, médecin de M. le dauphin, depuis Lous XVI ; le second fils, appelé vicomte de la Roche-Aymon, fut gentilhomme et gouverneur de M. le comte d'Artois ; la fille, dernier enfant, d'abord vicomtesse et ensuite duchesse de Narbonne, était dame et amie de madame Adélaïde, fille de Louis XV.

Le marquis de la Roche-Aymon épousa mademoiselle de Beauvillier, dame du palais de Marie-Antoinette ; ils en ont eu trois enfants. L'aîné, comte de la Roche-Aymon, jusqu'à la mort de ses parents, où il prit le titre de marquis, est celui dont nous allons nous occuper plus en détail ; sa fille, second enfant de cette union, est morte femme de M. le comte de Goyon, préfet de Seine-et-Marne, et dame de madame la dauphine ; le troisième enfant, comte Casimir de la Roche-Aymon, né en 1779, n'a fait que paraître au service. En 1814, placé colonel dans l'état-major de la garde-royale, il y resta jusqu'en 1830, où il se retira du service pour vivre dans ses terres ; ses enfants perpétueront le nom.

La famille de la Roche-Aymon ne borne pas son illustration à celle de la carrière des armes. Plusieurs cardinaux, archevêques, évêques et abbés s'offrent dans sa filiation, entre autres le bienheureux Raoul de la Roche-Aymon, abbé de Clairvaux, puis évêque d'Agen et ensuite archevêque de Lyon, où il mourut en 1235, et mis au nombre des saints de l'ordre de Citeaux ; Géraud de la Roche-Aymon, de la branche des seigneurs de Tournoelle, pressenteur de l'église de Brindes et désigné cardinal par Grégoire XI ; son oncle Claude de la Roche-Aymon, évêque du Puy en 1703 ; et enfin le cardinal de la Roche-Aymon.

On ne parle pas des la Roche-Aymon quant à l'ordre de Malte et aux chapitres nobles ; ils y entrèrent toujours sans difficultés et de prime-abord. Un la Roche-Aymon, chevalier de Malte, fut aide-de-camp de Louis XIV en 1693. Ces préliminaires étaient indispensables pour bien établir, et avec preuves, l'existence honorable de cette famille.

Le fils aîné du marquis de la Roche-Aymon, Antoine-Charles-Étienne-Paul de la Roche-Aymon, naquit à Paris, le 28 février 1772. En 1785 il entra surnuméraire dans la campagnie des gardes du corps, commandée par son oncle le prince de Luxembourg. En 1788 il fut envoyé volontaire au régiment de Foix, qui était sous les ordres de son oncle, le vicomte de la Roche-Aymon, et y passa quelques mois.

Quelques jours après l'ouverture des états-généraux, en 1789, il partit pour Naples avec le baron de Talleyrand qui y était ambassadeur, et y resta jusqu'au mois d'août 1790. Il servit dans l'armée napolitaine et fut placé dans le régiment 1° Estery de la garde. Dans sa compagnie se trouvait le sergent Augereau, depuis maréchal de l'empire. De Naples il fut à Rome, à Florence, et au mois d'août 1791 il fut appelé à Coblentz par son père, et se hâta d'aller le rejoindre. Il rentra dans l'ancienne compagnie de Luxembourg et y resta jusqu'à ce que la noblesse d'Auvergne fût réunie en deux escadrons.

Son père ayant été élu le chef d'un de ces escadrons, il quitta les gardes du corps pour se réunir aux nobles de sa province et servir d'aide–de–camp à son père. Il fit la campagne de 1792, et au licenciement il se dirigea vers Altona d'où il s'établit à Hambourg. Au mois de novembre 1794, grâce à l'intérêt de M. de Meilhan, ancien intendant, il fut placé au service prussien, comme lieutenant et aide–de–camp du prince Henri de Prusse, frère de Frédéric–le–Grand, et devint capitaine, chef d'escadron, étant encore attaché à la personne du prince. --- Ne comptant plus revenir en France, le comte de la Roche-Aymon épousa mademoiselle de Zeuner, d'une famille fort ancienne, et qui était dame d'honneur de la princesse Louise, sœur de la reine. --- Le comte de la Roche-Aymon resta auprès du prince Henri, jusqu'à sa mort arrrivée le 3 août 1802. Envoyé, par ordre du feu prince, porter au roi l'épée dont il s'était si glorieusement servi pendant les guerres qu'il avait faites, en revenant, le roi le nomma major. --- A la suite des hussards de Rudorff, hussards du corps, il marcha en 1805 avec ce régiment lorsque la Prusse avait la velléité de braver le retour de Napoléon enfoncé dans la Moravie.

Rentré à Berlin au mois de février, le comte de la Roche-Aymon resta à la suite des hussards du corps jusqu'au 6 août de la même année, où il fut nommé commandant du deuxième bataillon des hussards noirs ou hussards de la mort. --- Il partit pour sa garnison, persuadé que son régiment et les autres troupes laissées dans le royaume de Prusse, ne partageraient ni les dangers ni la gloire de l'armée formidable en campagne sur les bords de la Saale.---Mais cette armée, battue dans toutes les rencontres, disparut, pour ainsi dire, comme le brouillard devant le soleil, et les douze à quatorze mille hommes restés dans le royaume de Prusse furent promptement mis sur pied de guerre, et vers la mi-novembre, se mirent en marche pour les bords de la Vistule.

Les désastres de l'armée prussienne s'expliquent

par ces deux mots, les officiers étaient trop vieux ou trop jeunes. — Une expérience suranée d'un côté, et de la forfanterie de l'autre. —Ainsi le petit corps d'armée, en Prusse, devint le seul représentant de l'armée prussienne qui n'existait plus.

Ce corps comprit qu'il était chargé de soutenir la réputation de l'armée battue, et il ne l'oublia jamais durant toute la guerre.

L'arrivée de ce faible corps entre trois et quatre heures, sur le champ de bataille d'Eylau, rendit courage aux Russes, dont la gauche, fortement ébranlée, s'était reployée en potence derrière le centre. Le premier corps fit reprendre aux Russes leur position. S'il ne fit pas gagner la bataille, drame sans résultat, il empêcha du moins l'armée d'être probablemeut mise en déroute. Le 24 février 1807, la Roche-Aymon gagna la croix du mérite dans une affaire très-chaude, sous Brannsberg, où il commandait. A une affaire d'arrière-garde, en se repliant sur Komigsberg, le 15 juin 1807, il fut décoré de la croix de Saint-Wlademire de Russie.

La paix s'étant faite, on s'occupa à réorganiser l'armée, qui ne dut pas être plus nombreuse que quarante-cinq mille hommes. La Roche-Aymon devenu lieutenant-colonel en 1808, colonel en 1809, enfin brigadier au commencement de 1810, fut employé à cette réorganisation : il fit le Manuel des troupes légères, devenu classique pour la cavalerie; enfin, avec le général Borstel, le colonel

Natzmer il fut chargé de la rédaction de l'ordonnance de cavalerie, et eut la mission de faire concorder les manœuvres des troupes à cheval avec celles de l'infanterie.

A la fin de 1810, Napoléon réclama M. de la Roche-Aymon et exigea son retour en France ; il obéit à cet ordre, auquel le roi dut céder, et arriva à Paris les premiers jours de janvier 1811. Napoléon voulut qu'il prît du service dans son armée ; il s'y refusa constamment, ne voulant pas porter les armes contre la Prusse, ce qui eût été immanquable s'il fût rentré au service. Napoléon loua ce dévoûment, qui mettait la reconnaissance au dessus des intérêts personnels. Il fut amnistié et renvoyé en Prusse, après la promesse d'en quitter le service. On le fit général-major en prenant sa retraite, et on lui donna le grand cordon de l'Aigle-Rouge.

Au commencement de 1812 il fut rappelé en France, et M. l'archevêque de Malines lui réitéra les désirs de l'empereur pour qu'il prît du service ; toujours même refus. Il resta à Paris sous la surveillance de la police, et y resta jusqu'au mois de décembre, où il obtint la permission de revenir en Prusse. Il se croisa à Meaux avec Napoléon revenant de Russie. Il resta sur sa terre, en Prusse, jusqu'en juillet 1814, où il revint prendre du service en France.

Le 24 août 1814 il fut admis comme maréchal-de-camp au service de France, et le 1er octobre il fut nommé président de la commission chargée de la démarcation des frontières des Pyrénées.

Pendant l'année 1815 il suivit les princes jusqu'au près de Beauvais, revint à Paris, et, n'ayant pas pris de service, il resta dans la Creuse sous la surveillance de la haute police.

Au mois d'août 1815 il fut nommé pair de France et commandant du département de la Loire ; le 19 octobre 1816, de celui de la Haute-Loire ; le 2 juillet 1817, de celui des Deux-Sèvres. En octobre 1817 il fut nommé commandant de la deuxième subdivision de la première division militaire. En 1821 et 1822 il passa inspecteur de cavalerie.

En 1823 il prit le commandement d'une brigade d'avant-garde de la division Donadieu. Il fit toute la campagne, et fut nommé lieutenant-général au mois de juillet pour l'affaire de Molin d'el Rey, où avec environ cinq cents hommes il en força le passage sur sept à huit mille Espagnols. Revenu en France, il demeura en disponibilité toute l'année 1824 ; en 1825 il réprit les inspections de cavalerie et de service actif, et joignit le travail des commissions des remontes, de l'organisation de la cavalerie et de celle de la révision de la terre à la remonte générale dont il inspecta plusieurs dépôts.

Dans ses commandements ou inspections, il s'efforça toujours d'être utile aux débris méritants de nos glorieuses armées. Il prit la Charte *octroyée* au sérieux, et chercha par tous les moyens à rendre la monarchie possible, en l'appuyant sur les intérêts du plus grand nombre, ce qui lui valut une réputation de libéralisme qui ne le rendait pas agréable au château. Il fut placé dans le cadre de réserve à compter du 28 février 1837 , et admis à la retraite , sur sa demande, le 28 février 1844.

Pendant sa carrière militaire en France il reçut la croix de Saint-Louis en 1814 ; la Légion-d'Honneur le 14 septembre 1814 ; Officier le 28 septembre 1814 ; Commandeur le 1er mai 1821 ; Grand-Officier le 30 mai 1837 ; il reçut d'Espagne la Grand'Croix de Saint-Ferdinand.

Au milieu de sa longue et active carrière militaire, M. de la Roche-Aymon a trouvé moyen d'utiliser ses loisirs en se livrant à la propagation des connaissances militaires. Vers les premières années du siècle, il publia sous le titre d'*Introduction à l'étude de la guerre*, par le capitaine la Roche-Aymon, un grand ouvrage en 4 volumes in-8° et atlas.

En 1805, il publia une brochure sur la situation militaire et politique de l'Europe en général et de la Prusse en particulier, en outre plusieurs opuscules militaires.

En 1817, de retour au service de France, il publia un ouvrage en 1 vol. in-8° sur les troupes légères, ensuite un Manuel sur les mêmes troupes, imprimé aux frais du gouvernement, et distribué à tous les régiments de cavalerie; enfin un ouvrage intitulé *de la Cavalerie*, 3 vol. in-8°.

Tous ces ouvrages ont eu un succès incontastable, car on n'en trouve plus dans le commerce, et l'auteur n'a pas même pu s'en procurer un exemplaire pour lui qui n'en avait pas conservé. On trouve l'Introduction à l'étude de la guerre dans toutes les bibliothèques des régiments d'artillerie et du génie, et dans un grand nombre d'autres bibliothèques régimentaires. Sa sévère politique à la Chambre des pairs n'a pas été sans quelques succès.

Son discours sur la loi du recrutement, en 1817 et 1818, a contribué à l'adoption de la loi, et lui a procuré l'honneur de l'animadversion de gens soi-disant bien pensants, mais qui n'avaient rien appris ni rien oublié. Il a parlé sur les haras, et sur la loi de l'état des officiers. Toujours vrai et consciencieux, l'approbation de ses collègues a été sa plus douce récompense.

Le marquis de la Roche-Aymon est le seul qui ait servi ses princes sous le titre de comte, est le seul qui ait écrit sur l'art militaire, et le seul qui ait occupé la tribune de la Chambre des pairs. Son frère, actuellement comte de la Roche-Aymon, ne peut revendiquer aucun de ses services, aucun de ses ouvrages. Le marquis de la Roche-Aymon est le seul et unique rédacteur de tous les ouvrages précités, le seul qui ait servi en Prusse, et ait été l'aide-de-camp du prince Henri. Ce serait un grand défaut de mémoire de vouloir partager la réputation qu'il a eu l'honneur de mériter.

CH. DE LUSSAC.

IMPRIMERIE DE A. DELCAMBRE, | Société LALOUDÈRE, DELCAMBRE ET
Boulevard Pigale, 46. | LORILLIÈRE.